Lsh
1404

LES
PRUSSIENS
DANS
L'ILLE-ET-VILAINE
EN 1815

(Nouvelles Pièces inédites)

PAR

Léon VIGNOLS

RENNES
IMPRIMERIE DE LA « DÉPÊCHE BRETONNE »
7, place Saint-Michel, 7

JANVIER 1895

Extrait de la *Dépêche Bretonne* des 3, 7, 14 et 16 Décembre 1894.

LES PRUSSIENS

DANS

l'Ille-et-Vilaine en 1815

(NOUVELLES PIÈCES INÉDITES)

Dans une brochure sur *Les Prussiens dans l'Ille-et-Vilaine en 1815*, travail paru d'abord dans les *Annales de Bretagne*, j'ai détaillé l'histoire de l'occupation allemande dans notre département au mois de septembre 1815.

J'avais basé cette histoire, alors tout à fait inconnue, sur trois groupes de textes inédits : 1° des liasses de la série R (affaires militaires) de nos Archives départementales ; 2° d'autres, de la série Z (fonds de la sous-préfecture de Saint-Malo pendant la première moitié du XIX° siècle) des mêmes Archives; 3° des délibérations du Conseil municipal de l'époque (Archives communales de Rennes). Et j'avais mis en œuvre divers autres documents épars. C'était suffisant pour écrire une simple histoire générale du séjour des Prussiens, et pour détailler les faits relatifs aux arrondissements de Rennes et de Saint-Malo. Mais je regrettais de n'être pas aussi riche en textes spéciaux à chaque arrondissement.

Grâce à une récente découverte de notre excellent archiviste départemental, M. Parfouru, qui, avec sa courtoisie accoutumée, m'en a informé aussitôt, je puis donner de nouvelles pièces, inédites autant que les précédentes. M. Parfouru a trouvé, dans la masse des liasses entassées dans le grenier des Archives : 1° trois grosses liasses provenant du fonds de la sous-préfecture de Redon, relatives en entier à l'occupation prussienne dans cet arrondissement; elles seront classées dans la série R ; 2° un registre de copies (numérotées 1 à 1,021) des lettres écrites par le sous-préfet de l'arrondissement de Rennes depuis le 29 mars 1811 jusqu'au 12 décembre 1815; ce registre, coté jadis 16 M 58, va être classé dans la série K.

J'ai tiré de tout cela vingt-deux pièces, que je vais publier in-extenso, ou partielles, ou abrégées, suivant le nombre et l'importance des renseignements contenus en chacune. Il s'agit, au fond, d'un sujet sur lequel il est utile de revenir assez fréquemment ; sinon j'aurais laissé de côté presque tout ce qui confirme simplement les conclusions de ma première étude, et publié seulement trois ou quatre pièces contenant quelques données nouvelles. Car, en vérité, le fétichisme de l'inédit est déplorable.

Trop de publicistes, même à Paris, paraissent croire qu'un texte, fût-il de très chétif intérêt pour l'histoire régionale ou locale, d'importance infinitésimale pour l'histoire générale, — mérite, par cela seul qu'il est inédit, les honneurs de l'impression ; que tout, avortons de textes, historiettes lilliputiennes, doit être publié. Et ils publient tout, à tort et à travers et tant bien que mal (mal, surtout), ces ramasseurs de poussière d'histoire. — Résultats : gaspillage de temps, gaspillage en frais d'impression, idée toujours plus fausse de l'auteur lui-même (et qu'il répand) sur une des conditions principales de la science historique, encombrement de textes et de menues publications d'infime intérêt, d'où perte de temps pour le chercheur consciencieux.

Si donc je publie jusqu'à vingt-deux pièces (sur les quelques centaines que j'ai dépouillées), c'est que dans cet opuscule il s'agit de faits que nous devons avoir toujours présents à la mémoire, nous, fils des vaincus de 1870, descendants des vaincus de Leipzig et de Waterloo ; c'est qu'on ne saurait trop montrer à notre génération et à celle qui nous suit, combien, du vivant de leurs ancêtres comme du vivant de leurs pères, la France a souffert du Prussien.

Messieurs les dilettantes littéraires sont libres d'exercer en toute occasion leur ironie aux dépens des sentiments patriotiques et de toutes les grandes idées morales ; comme le pseudo-chrétien Tolstoï est libre de railler, par exemple, avec plus ou moins d'atticisme, des manifestations qui contribuèrent à relever notre pays aux yeux des autres peuples et aux nôtres. Ceux auxquels « l'écriture artiste », les joies littéraires et même scientifiques, pas plus que les odieuses mysticailleries d'un songe-creux, ne font jamais oublier Sedan ni l'Alsace-Lorraine, ceux-là peuvent écrire et parler autrement que les sans-patrie et leurs inconscients alliés.

Au chapitre intitulé : « Conduite des Prussiens »,
de mon précédent travail sur *Les Prussiens dans
l'Ille-et-Vilaine en 1815* (1), je n'ai pas voulu, bien
que ce fût mon droit strict d'historien, classer les
documents suivant l'ordre ascendant de gravité des
exactions et brutalités du vainqueur. Je vais encore
procéder ainsi ; les pièces vont être publiées, dans
chaque division, simplement par ordre chronologique.

Mais cette fois, les textes, vu leur petit nombre, ne
seront répartis qu'en deux sections : 1° La question des
fournitures ; 2° Conduite des Prussiens.

1° LA QUESTION DES FOURNITURES.

I. — *Lettre autographe du préfet d'Ille-et-Vilaine
au sous-préfet de Redon, 9 septembre 1815, au
soir.*

« Vous deviez rassembler des vivres à Bain ; il
paraît qu'on en a manqué. Vous avez donné une
réponse presque négative pour les cantonnements de
la 21° brigade dans votre arrondissement. Les choses
ne peuvent aller ainsi. Il faut absolument que chacun
s'exécute, en ce moment. D'ailleurs le préfet du Morbihan vous enverra des vivres ; c'en est convenu avec

---

(1) Rennes, 1893, Plihon et Hervé, in-8 raisin de 67 pages ;
ouvrage honoré d'une souscription du Ministère de la guerre.
Paru d'abord dans les *Annales de Bretagne* (Revue publiée
sous les auspices de la Faculté des Lettres de Rennes), en
octobre 1892, avril et juillet 1893.

le sous-préfet de Vannes, venu ici et qui repart ce soir... »

II. — *Du même au même, 10 septembre 1815.*

«... L'eau-de-vie de la ville est épuisée. J'en ai fait une demande à Saint-Malo, où elle est également rare. Le Morbihan a promis d'en diriger sur Redon, avec des farines, du riz, etc. Le département des Côtes-du-Nord est requis d'en verser à Montfort, Rennes et Dol. Ces fournitures ne peuvent arriver trop tôt »...

III. — *Du sous-préfet de Rennes, même date.*

« Circulaire aux maires qui ont logé des troupes alliées (prussiennes) pendant leur passage ».

Témoignage d'entière satisfaction pour l'abnégation qu'ils ont montrée et les peines qu'ils se sont données.

IV. — *Le premier adjoint de Guichen au sous-préfet de Redon, 14 septembre 1815.*

« Je reçois à l'instant » votre « réquisitoire pour faire conduire à Redon, douze barriques de cidre »; il doit y avoir erreur, on aura voulu donner cet ordre à Guignen. Nous avons eu ici, pendant trois jours, 900 hommes et 424 chevaux, et il nous reste en cantonnement 31 chevaux et 187 hommes (y compris 7 lanciers annoncés pour aujourd'hui). Aucune commune du canton n'est venue à notre secours, sauf Bourg-des-Comptes (qui nous a fourni 2 bœufs). « Si les troupes stationnées dans la commune y restent encore quinze jours, il n'y restera pas de grain pour la subsistance des habitants!... »

V. — *Du premier adjoint de Guichen au sous-préfet de Redon, 20 septembre 1815.*

« État des réquisitions faites dans la commune de Guichen, et livraisons faites dans ladite commune, depuis le 10 septembre, pour la subsistance des troupes prussiennes. »

Le total de l'évaluation en espèces est de 3,446 fr. 80. On y relève notamment :

> Cidre........ 9 barriques... 108^f »
> Vin......... 62 bouteilles .. 62 »

« non compris celui pris chez les habitants qui en avaient. »

> Eau-de-vie.. 260 litres...... 520^f »
> Tabac ...... 85 kilogr..... 516 80

« non compris celui fourni par les habitants au début de l'occupation. »

VI. — *Préfet de Rennes à sous-préfet de Redon, 24 septembre 1815.*

« Par votre lettre du 12 de ce mois, vous m'informez de la convention que M. de Capmas, sous-préfet de Vannes, venait de faire avec vous; par laquelle le département du Morbihan s'obligeait à nourrir à Redon, pendant cinq jours, 1,600 hommes et 600 chevaux, et ensuite, indéfiniment, 800 hommes et 200 chevaux. J'approuvai cette convention.

» J'apprends, à l'instant, de MM. Morand et Thubée, commissaires envoyés par le Morbihan, que, comptant sur un long séjour des troupes prussiennes dans la Bretagne, des approvisionnements assez considérables vous ont été envoyés à l'avance... Il est essentiel que vous régliez votre compte pour vingt jours au plus et que vous remettiez au Morbihan le surplus des denrées que vous avez fait distribuer, en faisant la balance de ce qui vous reste en magasin. Je règlerai ici avec MM. les commissaires du Morbihan.

» Notez que vous ne devriez avoir reçu que pour treize jours, du Morbihan, et que c'est uniquement pour vous procurer du soulagement que je vous accorde vingt jours... »

VII. — *Du même au même, 29 septembre 1815.*

« Pour la liquidation générale des fournitures en nature ou autrement, les opérations que vous avez à faire sont :

» 1° De nommer près de vous, si vous ne l'avez déjà fait, un comité de subsistances et de liquidation, dans lequel devra entrer un membre au moins du Conseil d'arrondissement ;

» 2° D'inviter MM. les Maires à vous faire parvenir, dans un délai fixé, des copies exactes et certifiées ou même les *pièces originales*, réquisitoires, récépissés, etc., qui se trouvent entre les mains de leurs administrés. Dans ce dernier cas, il en sera donné un reçu ;

» 3° De classer les pièces régulières et d'en extraire celles qui exigeront un examen particulier ;

» 4° D'établir pour les premières un registre présentant par commune les objets livrés en nature et leur valeur (d'après les mercuriales du chef-lieu d'arrondissement, ou estimation qui en aura été faite), et les sommes déboursées par les contribuables en vertu d'impôts subsidiaires. Une copie de ce registre, dont je vous transmet un modèle, sera adressée à la Commission centrale, à Rennes, avec les notes et observations du Comité d'arrondissement (qui y joindra les pièces).

» Quant aux fournitures faites irrégulièrement et aux réclamations présentées pour pertes extraordinaires, il conviendra de ne les enregistrer qu'après avoir pris les informations les plus exactes, — sur les lieux mêmes, s'il est nécessaire, — par des commissaires que vous déléguerez à cet effet, et qui joindront leurs rapports aux pièces produites. Les demandes qui paraîtront peu fondées ou d'un intérêt trop léger seront rejetées par le Comité d'arrondissement, attendu qu'il convient de ne pas aggraver indéfiniment une charge qui doit être en définitive supportée par le département.

» Les réclamations qui seront appuyées de preuves ou de documents irrécusables seront, d'après l'avis du Comité, inscrites sur le registre, et l'état général en sera transmis, avec les pièces, à la Commission départementale, qui prononcera définitivement. »

VIII. — *Du même au même, 20 octobre 1815.*

Envoyez-moi un aperçu sommaire des fournitures et de leur montant total. Le Ministre de l'intérieur désire l'avoir immédiatement pour le présenter au Ministère et le faire prendre en considération « dans la répartition prochaine des contributions. »

IX. — *Pièce anonyme et sans date (octobre 1815),* intitulée : *Etat des versements faits par le Morbihan, qui avait à fournir,* etc.

« ...Le même département s'est obligé avec le général prussien à fournir la subsistance de 800 hommes et 200 chevaux pendant tout le temps que les troupes resteront dans le département. »

* * *

J'ai donné à la fin de ma précédente publication sur l'occupation allemande, une lettre du général Tauentzien, commandant du corps d'occupation, au « général de Sol de Grisolle », 12 septembre 1815 : « ... La demande que vous m'avez faite, Monsieur le Général, de ne pas faire pénétrer les troupes sous mes ordres dans les cantonnements occupés par l'armée royale en Bretagne, est trop juste pour que je ne doive y consentir avec plaisir. Les services que ladite armée a si glorieusement rendus pour la cause commune et la conduite qu'elle a tenue a été justement appréciée des alliés, et je ne demande pas mieux,

Monsieur le Général, que de me rendre à tous vos vœux... »

Ainsi les Prussiens consentaient à ne pas occuper le Morbihan (ou, plus exactement, l'arrondissement de Ploërmel) :

1° Parce qu'il s'y trouvait déjà cantonné le reste des bandes royalistes qui, pendant les Cent Jours, avaient fait, contre les troupes de Napoléon Ier, la petite guerre de partisans appelée « petite chouannerie » ; dans la première quinzaine de septembre, ces bandes comptaient peut-être encore 4,000 à 6,000 hommes ;

2° Parce que depuis le retour de Louis XVIII, reconnu comme souverain par les puissances étrangères, ces petits corps de chouans représentaient officiellement une force française légitime, et qu'il eût été médiocrement convenable, de la part d'un chef étranger, de faire camper partie de son armée dans un département où étaient cantonnées des troupes françaises ;

3° Parce que ces troupes royalistes « avaient rendu des services à la cause commune », c'est-à-dire avaient contribué (dans la faible mesure de leur force) à la chute définitive de Napoléon Ier.

Voilà ce que nous apprend la lettre de Tauentzien à de Grisolle.

La pièce n° IX et les pièces n^{os} I, II, et VI, nous apprennent que cette faveur accordée au Morbihan ne le fut pas à titre gratuit; que Tauentzien, poussé sans doute par le préfet d'Ille-et-Vilaine (heureux de décharger d'autant son propre département), obligea le Morbihan à contribuer aux dépenses de l'occupation de l'Ille-et-Vilaine.

X. — *Petite pièce anonyme et sans date (octobre 1815 ?)*
ainsi conçue :

« Le Morbihan porte la valeur de ses
fournitures à l'Ille-et-Vilaine à......   122.400ᶠ » »
» La valeur réelle n'est que de........   75.429 50
» Erreur au préjudice de l'Ille-et-Vilaine
ou au profit des fournisseurs.......   46.970ᶠ 50

XI. — La petite pièce ci-dessus est jointe à un cahier in-folio ancien intitulé : « *Compte-rendu par la Commission des subsistances de l'armée prussienne à M. le sous-préfet de l'arrondissement de Redon.* »

Ce compte-rendu, daté du 27 octobre 1815, est signé des membres de la Commission de liquidation de l'arrondissement, savoir : Fouesan, Dominé, Brossard, Hy. Dondel, J.-M. Dondel, François Chevrier, Lagrandière, Ginolié, Guihaire.

J'ai relevé dans ce compte les chiffres que voici :

CHAPITRE Iᵉʳ, *Vivres*. — 27,100 rations d'eau-de-vie (5,500 à raison de 8 au litre, le reste à raison de 10), dont 20,195 à Redon ;

23,330 de cidre, 27,381 de pain, 21,741 de viande, autant en lard, 19,170 en légumes secs, 19,440 de sel.

CHAPITRE II, *Fourrages*. — 16,684 rations.

CHAPITRE III, *Tabac*. — 29,632 rations, soit 926 kilog.

CHAPITRE IV, *Hôpital des galeux*. — 1 corde de bois à feu, etc.

CHAPITRE V, *Corps de garde et signaux*. — 4 cordes de bois à feu, etc.

XII. — « *Relevé des cadernes renfermant les 30 états d'émargement pour le payement des charrois faits aux Prussiens* » *dans l'arrondissement de Redon.*

Ce tableau est joint à une lettre, du préfet au sous-préfet de Redon, du 4 mai 1816. J'y ai trouvé les données suivantes :

CANTONS.	CHARROIS réguliers.	CHARROIS irréguliers.	TOTAL.
Bain...........	1,475f 60	1,180f 90	2,656f 50
Fougeray.......	395 60	504 80	900 40
Guichen........	1,045 20	245 20	1,290 40
Le Sel..........	543 20	90 80	634 »
Maure	436 80	271 40	703 20
	3,896f 40	2,293f 10	6,189f 50

Les communes qui avaient eu le plus de charrois à faire étaient :

Bain, 1,094 fr., dont 568 80 pour charrois irréguliers.

Fougeray, 771 fr. 20, dont 408 80 pour charrois irréguliers. Eto.

Remarquez l'énorme proportion des « charrois irréguliers » ; au total, les 23/62°, et plus de 50 0/0 à Bain et à Fougeray, et la totalité dans trois autres communes (Saint-Séglin, Comblessac et Ercé-en-Lamée; cette dernière, située dans le canton de Bain, en eut pour 406 fr. 50) ; et songez de combien de grossières injures, de coups de plat de sabre, de coups de poing et de coups de botte ces nombreuses corvées, surtout les charrois qualifiés d' « irréguliers », furent l'occasion et le prétexte !

XIII. — *Le préfet au sous-préfet de Redon,
1er mai 1816.*

«... La commission départementale de liquidation, sentant parfaitement que la plupart de ces charrois (irréguliers) ont été réellement exécutés, mais que des circonstances impérieuses (lisez : la crainte des mauvais traitements) forçaient les conducteurs, aussitôt qu'ils avaient déchargé leurs voitures, à s'évader (le terme est significatif) pour n'être pas obligés d'aller à des gites plus éloignés (c'est-à-dire de faire encore des étapes forcées, au risque d'arriver avec des attelages fourbus), — a arrêté que toutes ces pièces irrégulières seraient adressées à MM. les sous-préfets, pour qu'ils les remissent aux maires, aux fins de les faire régulariser par le visa des autres maires des lieux où les conducteurs ont été, ou, à défaut de cette formalité, s'il était impossible de la remplir, de certifier dans leur âme et conscience que ces charrois ont été faits... »

XIV. — *Du même au même, 2 janvier 1818.*

« M. le maire de Langon m'a écrit pour demander que les fournitures faites aux troupes prussiennes et aux troupes royalistes en 1815 fussent remboursées immédiatement. Je vous prie de faire connaître à ce fonctionnaire que la Commission départementale créée par la loi du 28 avril 1816 sur les finances, a arrêté un ordre de payement qui sera suivi exactement. Les dépenses des troupes royalistes seront soldées dans le courant du 2⁰ trimestre de l'année 1818, et les fournitures aux Prussiens seront payées par parties et successivement au fur et à mesure de la rentrée des fonds, — qui seront perçus pour cet objet sur les exercices 1817 et 1818, en conformité de l'ordonnance royale du 5 février dernier. »

2° CONDUITE DES PRUSSIENS.

XV. — *Le sous-préfet de Rennes au préfet d'Ille-et-Vilaine. — De Liffré, 9 septembre 1815.*

« Le Maire de Saint-Aubin-du-Cormier... m'écrit à l'instant que 600 hommes partent cette nuit de chez lui pour se rendre à Hédé... ; que 180 hommes et 230 chevaux lui arrivent demain pour y être stationnés, et que l'artillerie de Fougères et de Vitré se réuniront dans leur plaine près d'ici pour y faire leurs manœuvres. Il m'ajoute que la 21ᵉ brigade sera stationnée à Rennes et aux environs, et qu'il y a apparence qu'il en restera ici. Cette idée me fait frémir, et si vous connaissiez la ressource de ce malheureux pays, vous frémiriez comme moi ! Il est ruiné de fond en comble. Les paysans sont exaspérés de l'exigence et des mauvais traitements des troupes, malgré qu'ils leur donnent non seulement tout ce qui est prescrit par le règlement, mais encore tout ce qu'ils ont à leur possession... »

La question des charrois met le maire dans un grand embarras, « vu l'innombrable quantité de voitures et chevaux qu'il est obligé de fournir à chaque instant du jour et de la nuit, et s'il en manquait il risquerait d'être très mal traité, ainsi que l'ont été quelques-uns de ses collègues pour des motifs plus légers....

» On annonce au maire d'ici de tenir prêt pour demain 10 h. un déjeuner pour le général en chef Hoppen, son état-major et toute sa suite, ce qui fait en tout 92 hommes et 119 chevaux... »

XVI. — *Le préfet d'Ille-et-Vilaine au sous-préfet de Redon, 16 septembre 1815. Autographe.* « *Confidentielle.* »

« Je viens d'avoir une entrevue avec le général de Larische. Peut-être s'allarme-t-il trop vite. Aujourd'hui, pourtant, je pense qu'il doit être rassuré par l'arrivée de vivres du Morbihan. Le reste dépend de lui : beaucoup de discipline parmi ses soldats, aucun mauvais traitement envers les habitants, surtout ceux des campagnes, calmeront des têtes faciles à irriter, parce que leur irritation part du cœur, qu'il ne faut pas insulter... »

XVII. — « Nous, maire et adjoint de la commune d'Ercé-en-Lamée, sur la réclamation à nous faite par M. Saivin (curé), desservant Ercé-en-Lamée, de nous transporter au presbytère pour rapporter un procès-verbal qui constate qu'ayant déposé depuis quelques jours dans un tiroir de son bureau la somme de 450 fr., argent reçu en dépôt ; que du 17 au 18 septembre, toute la maison étant occupée par beaucoup de Prussiens qui s'étaient emparé de toutes les chambres, particulièrement de la sienne ; que lui-même fut obligé de se tenir dans une chaise toute la nuit ; que le lendemain il trouva la serrure de son tiroir brouillée ; — nous avons fait ouvrir cette serrure par Guy Boudet, maréchal, et avons trouvé le tiroir vide. En foi de quoi nous avons fait le présent pour servir et valoir où besoin sera.

» Le 18 septembre 1815.

» Leveyer de Valroy, adjoint.
» Rolland de Rengard, maire. »

XVIII. — « Nous, maire et adjoints composant la municipalité de Fougeray, ayant été avertis, ce jour, 26 septembre 1815, par Jean Narel fils, chargé de la distribution des fourrages pour les chevaux de l'ambulance n° 6 d'un corps d'infanterie de la 23e brigade et d'un détachement du 8e régiment de cavalerie de milice de Silésie, que les militaires de ces différents corps ne voulaient pas se contenter de la ration de 12 livres d'avoine fixée par le commissaire des guerres prussien et qu'ils voulaient exiger 15 livres, — le second adjoint s'est rendu près de M. Walther von Croneck, premier lieutenant dudit régiment de cavalerie commandant ces détachements, et lui a porté plainte.

» M. Roullier, juge-de-paix et membre du Conseil municipal, en permanence », étant allé chercher la mesure faite pour les distributions d'avoine, « a vu que les cavaliers, sans attendre la décision de leur commandant, avaient pénétré dans le magasin et prenaient, pour chaque ration, un double décalitre... Il en a averti M. Walther von Croneck, qui, s'étant transporté au magasin, a reconnu la vérité de ce rapport, mais qui s'est borné à faire mesurer deux rations moins fortes chacune d'environ 2 livres, sans exiger la restitution de ce que les cavaliers avaient pris de trop... Il s'est retiré aussitôt et a laissé ainsi le magasin à la disposition de ses cavaliers, qui ont recommencé à prendre 2 décalitres d'avoine par ration, malgré toute opposition de la part du garde-magasin ; d'où il résulte qu'il a été pris au magasin au moins 2,690 livres d'avoine par les différents corps ci-devant dénommés (qui n'ont délivré que des bons de 124 rations, correspondant à 1,488 livres).

» A l'instant où M. Walther von Croneck se retirait du magasin, M. Roullier... lui ayant fait observer que la municipalité ne pourrait se dispenser de porter plainte, M. Walther lui répondit : « Si vous continuez » à me parler de la sorte, je vous fais mon prisonnier » et je vous emmène. »

» De tout quoi nous avons rapporté le présent procès-verbal, tant pour l'intérêt de la commune que pour la sûreté du garde-magasin.

» En mairie, à Fougeray, le 26 septembre 1815. Signé : Lefeuvre, maire, — de Rozières, premier adjoint, et de Brehier, second adjoint.

» Pour copie conforme,

» DE ROZIÈRES, premier adjoint,
en l'absence du maire. »

XIX. — *Le premier adjoint de Guichen au sous-préfet de Redon, 25 octobre 1815.*

« ... Les distributions ne cadreront peut-être pas tout à fait avec les fournitures, mais la cause en est due, comme vous le croirez facilement, à une espèce de pillage que, malgré mes soins et ma surveillance, je n'ai pu éviter entièrement... »

XX. — *Le maire de Fougeray au sous-préfet de Redon, 15 novembre 1815.*

« ... MM. les Prussiens demandaient tant de choses à la fois et voulaient être servis avec tant de célérité, qu'il était impossible que tout fût exécuté avec un ordre parfait.

XXI. — *Le premier adjoint de Fougeray au sous-préfet de Redon, 25 mars 1816.*

« ... Les conducteurs de voitures étaient tellement maltraités par les troupes (prussiennes) qui les escortaient, qu'ils se sauvaient aussitôt qu'ils apercevaient le moindre jour... »

XXII. — Pièce annexe. — *Les Prussiens à Redon; attitude du Conseil municipal. — Registres des délibérations.*

Délibération du 12 septembre 1815. « Les délibérations précédentes ont eu pour objet de satisfaire au logement et subsistance d'une colonne de 800 Prussiens en marche sur Redon. On annonce comme devant y rester un nombre à peu près égal d'hommes d'infanterie que cavalerie, avec l'établissement d'un quartier général. 2,000 hommes doivent être en outre répartis sur divers points de l'arrondissement, et, par des appels successifs, la garnison du chef-lieu portée jusqu'à 1,500 et 1,600 hommes. L'arrondissement ne peut y suffire ; c'est le plus pauvre du département, il est épuisé par les fournitures récentes aux troupes prussiennes du VIe corps à Bain, Lohéac et Bains, ainsi que par des levées récentes (c'est-à-dire par « la petite chouannerie ») pour combattre l'ennemi commun des peuples et des rois (Napoléon Ier, ainsi désigné en style royaliste de l'époque).

» Les places de Bain, Lohéac, Guignen, Guipry, ne pourront suffire par elles-mêmes à nourrir les troupes que l'on se propose d'y cantonner. Il faut pourtant accueillir dignement les amis (il s'agit des Prussiens) de notre roi. Deux délégués sont envoyés à Rennes pour prévenir la ruine totale du pays par les braves (il s'agit encore des Prussiens) que nous aidions de tout notre pouvoir comme frères d'armes (il s'agit toujours des Prussiens) et que nous appelions de tous nos vœux comme des sauveurs. »

*
* *

Le dernier texte ci-dessus m'a été obligeamment communiqué par mon correspondant et ami R. Le Bourdellès, procureur de la République à Redon.

DU MÊME AUTEUR

Colonisation et Commerce colonial aux XVIIe et XVIIIe siècles.

I. *La Piraterie sur l'Atlantique au XVIIIe siècle.* — 1890, Rennes, in-8° rais. de 121 p. — Extrait des Annales de Bretagne.

II. 1° *Projet pour enlever aux Hollandais leur colonie du Cap et leur flotte des Indes*, 1716; — 2° *La ville et les environs du Cap de Bonne-Espérance en* 1713. — Revue de géographie, juillet 1890, p. 43 à 48.

III. Nos droits historiques sur Madagascar. *La France à Madagascar de 1674 à 1750.* — 1890, Paris, in-8° rais. de 11 p. texte compact. — Extrait de la Revue de géographie.

IV. *Le commerce hollandais et les Congrégations juives à la fin du XVIIe siècle.* — Revue historique, septembre 1890, p 327 à 330.

V. *Singuliers exploits d'un capitaine de navire marchand de Saint-Malo, 1730 1731.* — Suivi d'une note sur la découverte des Archives anciennes du Tribunal de commerce de Saint-Malo (fonds de l'Amirauté et du Consulat.) — 1892, Rennes, in-8° rais. de 13 p. — Extrait des Annales de Bretagne.

VI. *Les anciennes compagnies de commerce et l'ouvrage de M. Bonnassieux.* — 1893, Rennes, in 8° rais. de 20 p. — Extrait des Annales de Bretagne.

VII. *Naufrage et aventures d'un équipage malouin aux côtes sud-américaines en 1706.* — Avec un aperçu sur le commerce français à la mer du Sud, XVIIe XVIIIe siècles. — 1894, Paris, in-8° rais. de 19 p. — Extrait de la Revue maritime et coloniale.

VIII. *Un petit épisode accessoire de l'expédition du Kourou. Émigrants allemands cantonnés en Bretagne.* — 1894, Rennes, in-8° rais. de 14 p. — Extrait du Bulletin de la Société archéologique d'Ille-et-Vilaine.

Études et Textes divers.

I. *J.-P. Vigneu, secrétaire de la représentation commerciale de Nantes, 1680-1746.* — 1890, Rennes, in 8º rais. de 36 p. — Extrait des Annales de Bretagne.

II. *Les Prussiens dans l'Ille-et-Vilaine en 1815.* — 1893, Rennes, in-8º rais. de 67 p. — Ouvrage honoré d'une souscription du Ministère de la guerre. — Extrait des Annales de Bretagne.

EN PRÉPARATION

Histoire des anciennes compagnies françaises de commerce et de colonisation.

Bertrand-François Mahé de la Bourdonnais, 1699-1753. Etc.

Étude sur les plus anciennes cartes imprimées de la province de Bretagne.

Projets et levés de cartes de la province de Bretagne au XVIIIe siècle.

Les découvertes des Malouins aux Terres australes, au commencement du XVIIIe siècle.

Joseph Praderniquet, corsaire malouin sous la République et l'Empire.

Imp. de la *Dépêche Bretonne*, Rennes.

www.ingramcontent.com/pod-product-compliance
Lightning Source LLC
Chambersburg PA
CBHW061009050426
42453CB00009B/1333